Muffins &Co.

Karlene T. Stecher

Sie halten sie in der Hand – Ihre Fahrkarte in die authentische Backküche Amerikas. Entdecken Sie die schnellen, kreativen und einfach nachzubackenden Rezeptideen, und machen Sie daraus köstliche Kleinigkeiten für das Frühstück, zum Kaffee oder auch für den abendlichen Snack. Geben Sie dem Alltag Farbe und servieren Sie zur amerikanischen Soap Opera im TV echte Blueberry Muffins oder Brownies. Oder trumpfen Sie bei der nächsten Party mit echten Bagels oder Donuts auf – Sie können sicher sein: Man wird Sie nach dem Rezept fragen!

Inhalt

Alle Rezepte auf einen Blick

	Seite	kcal je Stück	klassisch	einfach	kalorienarm	Vollkorn	schnell	kreativ	für Kids
Pflaumenmuffins	8	220		+		+			+
Mokkamuffins	10	280					+	+	
Zimtmuffins	11	260	+	+			+	+	+
Kirschmuffins	12	190		+	+				+
Blaubeermuffins	14	320	+		+				+
Marmeladenmuffins	15	170	+	+	+		+		
Mandelmuffins	16	230		+				+	+
Glasierte Bananenmuffins	18	270	+				+	+	+
Salami-Käse-Muffins	19	180	+	+	+		+		
Schokoladenmuffins	20	300	+	+			+	+	+
Apfelmuffins	22	235		+					+
Brownies	24	160	+	+					
Zimt-Apfel-Riegel	25	180	+	+		+	+		+
Möhren-Nuss-Happen	26	220	+	+				+	+
Espressobrownies	28	150		+	+			+	
Käsekuchenhappen	29	170	+	+		+			
Haferflocken-Dattel-Riegel	30	200		+		+		+	+
Zitronenhäppchen	32	130	+	+	+				
Blondinen	33	200						+	+

	Seite	kcal je Stück	klassisch	einfach	kalorienarm	Vollkorn	schnell	kreativ	für Kids
Schoko-Erdnuss-Happen	34	280	+					+	
Walnusshappen	36	170		+			+		
Schwarz-Weiß-Kekse	38	160						+	+
Haferflocken-Rosinen-Kekse	39	100	+	+		+			+
Möhren-Kokos-Kekse	40	80		+			+	+	+
Schokoladen-Mandel-Kekse	42	130	+	+			+		
Ingwerplätzchen	44	80	+	+			+		
Schokoladenkekse	45	130	+	+					+
Zitronen-Mohn-Kekse	46	80		+			+	+	+
Himbeer-Mandel-Kekse	48	100					+	+	+
Browniekekse	49	100	+	+					
Erdnusskekse	50	90		+			+	+	
Hefedonuts	52	210	+					+	+
Zimt-Tropfendonuts	54	100	+	+			+	+	+
Schoko-Tropfendonuts	55	80	+	+			+	+	+
Bagels	56	180	+		+				+
Zimt-Rosinen-Bagels	58	260				+			+
Zwiebelbagels	60	170	+		+	+		+	

Baking in America

So vielfältig wie Amerika ist auch das amerikanische Backen. Vom aufwändigen, dekorativen Festtagskuchen bis hin zum eher einfachen, rustikalen Haferflockenkeks haben die Amerikaner einen Backstil entwickelt, der Augen und Gaumen gleichermaßen erfreut.

Lockeres und entspanntes Backen, einfache Rezepte und dennoch eine hervorragende Qualität kennzeichnen das amerikanische Gebäck.

Muffins und die anderen kleinen Backspezialitäten der amerikanischen Küche sind sehr beliebt. Schnell fertig gestellt und vorzüglich im Geschmack haben sie zu Recht ihren festen Platz in den Herzen der amerikanischen Kids, und auch die Erwachsenen wissen die süßen oder würzigen Leckereien zu schätzen. In Europa werden Muffins, Cookies und Brownies ebenfalls immer beliebter.

Wann genießt man nun in den USA diese gebackenen Köstlichkeiten? Ganz einfach: immer und zu jeder Zeit! So darf ein frisch gebackener Muffin nicht fehlen, wenn Kollegen und Freunde sich zum Morgenkaffee oder in der Mittagspause treffen. Amerikanische Kinder kommen am Nachmittag ermüdet aus der Schule und stärken sich zu Hause mit schmackhaften Keksen und einem Glas kalter Milch.

Das Abendessen im Restaurant oder in den eigenen vier Wänden wird überall im Land mit einem herzhaften Brownie oder einem Riegelhappen zum Dessert gekrönt. Häufig darf ein wenig Eiskrem oder frische Früchte dabei nicht fehlen.

Was ist was in der amerikanischen Backküche?

Muffins sind kleine, saftige Kuchen, die in Spezialformen gebacken werden. Die Rezepte in diesem Buch sind alle für das klassische Muffinblech mit 12 Vertiefungen berechnet. Ursprünglich kommen Muffins aus England, allerdings wurden sie damals noch mit Hefe gebacken. Vielleicht war Hefe in den USA nicht so einfach zu erhalten oder den Pioniersfrauen war die Zubereitung zu langwierig; jedenfalls werden Muffins heute ohne Hefe zubereitet und das Backen geht noch schneller von der Hand. Zunächst werden in einer Schüssel alle trockenen Zutaten miteinander vermischt, während alle flüssigen Zutaten in einer anderen Schüssel vermengt werden. Dann wird aus beiden ein Teig gerührt, und zwar ganz schnell, denn sonst erhält man grobe und löchrige Muffins.

Brownies, **Squares** & **Bars**: Brownies sind dunkle, flache Schokokuchen, Squares und Bars sind Kuchen von meist hellerer Farbe ohne Schokolade, die zum Verzehr in Quadrate oder längliche Riegel geschnitten werden.

Cookies sind knusprig, süß und verführerisch. Und: Sie sind ein unverzichtbarer Bestandteil der amerikanischen Küche. Backen Sie ruhig ein paar Cookies mehr: In einem Glas oder einer Dose luftdicht verpackt, halten sie sich eine ganze Weile. Und sollte das Gebäck durch die Lagerung doch etwas weich werden, kann es in wenigen Minuten bei mittlerer Temperatur im Ofen wieder knusprig aufgebacken werden.

Bagels und **Donuts** sind köstliche Hefeteigringe, deren Zubereitung etwas mehr Zeit in Anspruch nimmt – aber das Ergebnis ist es wert. Bagels werden vor dem Backen pochiert. Dadurch erhalten sie eine knusprige Hülle, während sie innen herrlich weich bleiben. Wie Brötchen kann man sie mit den unterschiedlichsten Aufstrichen genießen. Donuts sind frittierte Gebäckspezialitäten, die ihren Ursprung in England haben. Dort hatten sie eine rundliche, nussartige Form, woran der Name Doughnut (Teignuss) erinnert.

Zutaten

Sollten Sie kein **Natron** bekommen, so nehmen Sie stattdessen Backpulver.

Wie es in der amerikanischen Küche üblich ist, wird auch bei den Rezepten in diesem Buch auf Ferigprodukte zurückgegriffen, die Sie gegen Frisches austauschen können. **Citroback** z. B. gegen unbehandelte, frische, abgeriebene Zitronenschale. **Bourbon-Vanillezucker**, also Zucker, dem echte Bourbon-Vanille zugesetzt wurde, lässt sich leicht selbst machen: Geben Sie 2 Vanilleschoten und 500 g Zucker etwa 2 Wochen in ein luftdicht schließendes Gefäß und rühren Sie alle 1–2 Tage um. **Nüsse** und **Mandeln** sind besonders aromatisch, wenn Sie ganze Kerne kaufen, die Sie dann ohne Fett in der Pfanne etwas anrösten und anschließend zerkleinern.

Drei Grundregeln fürs Gelingen

Viele Hobbyköche wissen, dass die Verwendung von sehr frischen Zutaten die wichtigste Grundlage für das erfolgreiche Gelingen eines Rezeptes ist. Beim Backen ist das nicht anders. Backpulver, Hefe und Natron sollten daher immer so frisch wie möglich sein. So ist garantiert, dass der Teig aufgeht und das Gebackene die richtige Form bekommt.

Alle Zutaten, auch Eier, Butter, Joghurt, Sauerrahm und alle weiteren Milchprodukte, immer mit Zimmertemperatur verarbeiten! Dann lässt sich alles am besten miteinander mischen.

Backen ohne Stress ist eine wichtige Voraussetzung, damit alles perfekt gelingt. Nehmen Sie sich genug Zeit, die Rezepte gut vorzubereiten. Freude und Zufriedenheit verhelfen bei jeder Tätigkeit zu den besten Resultaten. Legen Sie Ihre Lieblingsmusik auf und entspannen Sie sich. Amerikaner suchen immer Spaß und den direkten Weg in allem, was sie tun – und natürlich auch beim Backen. Die Krönung für Ihre „Mühen" wird das Zungenschnalzen Ihrer Lieben sein oder die Frage nach dem Rezept von Freunden und Kollegen.

Happy Baking!

Die Rezepte

Pflaumenmuffins

Plum Muffins

○ klassisch

⊕ einfach

○ kalorienarm

⊕ Vollkorn

○ schnell

○ kreativ

⊕ für Kids

Zutaten

Butter oder Papierförmchen
für das Blech

150 g Pflaumen · 1 EL Zitronensaft · etwa 160 g Zucker ·
$1/_4$ TL Ingwer

140 g Mehl · 130 g Vollkornmehl ·
1 $1/_2$ TL Natron

100 g Butter · 1 frisches Ei ·
240 g Joghurt ·
1 P. Bourbon-Vanillezucker

$1/_2$ TL Zimt

Für 12 Muffins
Zubereitungszeit: ca. 25 Min.
Backzeit: ca. 20 Min.
ca. 220 kcal je Muffin

Variation
Beschwipste Pflaumenmuffins erhalten Sie, wenn Sie alle oder einen Teil der frischen Pflaumen gegen in Alkohol eingelegte Früchte
austauschen. Wenn Sie in Wein-
brand eingelegte Pflaumen nehmen, können Sie den Ingwer durch
Citroback (oder Zitronenschale) ersetzen.

1 Den Backofen auf 200 °C (Umluft 170 °C;
Gas Stufe 3) vorheizen. Die 12 Vertiefungen eines Muffinblechs mit Butter ausfetten
oder mit Papierförmchen auslegen.

2 Die Pflaumen waschen, abtropfen lassen
und in kleine Stückchen schneiden. Diese in eine Schüssel geben und mit Zitronensaft, 2 EL Zucker und Ingwer bedecken.

3 Mehl und Vollkornmehl in eine große
Schüssel sieben. 100 g Zucker und
Natron dazugeben und alles gründlich mit
einem Schneebesen vermischen.

4 Die Butter zerlassen und in eine Schüssel geben. Ei, Joghurt und Vanillezucker
hinzufügen und alles gründlich mit einem
Schneebesen verrühren.

5 Die flüssigen Zutaten und die Pflaumen-
stückchen in die Mehlmischung geben
und vermischen, bis das Mehl ganz untergearbeitet ist. Den Teig gleichmäßig auf die
Muffinformen verteilen. Den restlichen
Zucker sowie den Zimt vermischen und auf
die Muffins streuen.

6 Die Muffins auf der mittleren Schiene
des Ofens 20 Minuten backen, bis sie
leicht bräunlich sind. Die Pflaumenmuffins
nach 10 Minuten aus den Vertiefungen herausnehmen und auf einem Gitterrost abkühlen lassen. Genießen Sie sie warm und
frisch!

Zutaten
Butter oder Papierförmchen
für das Blech

280 g Mehl · 160 g Zucker ·
2 TL Backpulver · $^{1}/_{2}$ Tasse Es-
presso- oder Kaffeepulver (lös-
lich) · 1 TL Zimt · $^{1}/_{2}$ TL Salz

120 g Butter · 2 frische Eier ·
240 ml Milch · 1 P. Bourbon-
Vanillezucker

100 g Schokoladenraspel

Für 12 Muffins
Zubereitungszeit: ca. 15 Min.
Backzeit: ca. 20 Min.
ca. 280 kcal je Muffin

Mokkamuffins

Mocha Muffins

- klassisch
- einfach
- kalorienarm
- Vollkorn
- ⊕ schnell
- ⊕ kreativ
- für Kids

1 Den Backofen auf 200 °C (Umluft 170 °C; Gas Stufe 3) vorheizen. Die 12 Vertiefungen eines Muffinblechs mit Butter ausfetten oder mit Papierförmchen auslegen.

2 Das Mehl in eine Schüssel sieben. Zucker, Backpulver, Espresso- oder Kaffeepulver, Zimt und Salz dazugeben und alles gründlich mit einem Schneebesen vermischen.

3 Die Butter zerlassen und in eine große Schüssel geben. Eier, Milch und Vanillezucker hinzufügen und alles gründlich verrühren.

4 Die Mehlmischung nach und nach zur Buttermischung geben und alles so lange verrühren, bis das Mehl ganz untergearbeitet ist. Zuletzt 50 g Schokoladenraspel unterheben.

5 Den Teig gleichmäßig auf die Muffinformen verteilen und die restlichen Schokoladenraspel darauf streuen. Die Muffins auf der mittleren Schiene des Ofens in etwa 20 Minuten goldbraun backen.

Zimtmuffins

Cinnamon Muffins

Zutaten

Butter oder Papierförmchen
für das Blech

240 g Mehl · 2 TL Backpulver ·
1 P. Bourbon-Vanillezucker ·
$^1/_2$ TL Salz · 150 g Butter · 200 g
Zucker · 1 frisches Ei · 110 g saure
Sahne · 60 ml Milch

1 TL Zimt

Für 12 Muffins
Zubereitungszeit: ca. 20 Min.
Backzeit: ca. 18 Min.
ca. 260 kcal je Muffin

klassisch ⊕

einfach ⊕

kalorienarm ⊖

Vollkorn ⊖

schnell ⊕

kreativ ⊕

für Kids ⊕

1 Den Backofen auf 190 °C (Umluft 160 °C; Gas Stufe 2–3) vorheizen. Die 12 Vertiefungen eines Muffinblechs mit Butter ausfetten oder mit Papierförmchen auslegen.

2 Mehl, Backpulver, Vanillezucker und Salz in einer großen Schüssel mit einem Schneebesen vermischen. 80 g Butter zerlassen und mit 100 g Zucker, dem Ei, saurer Sahne und Milch mit einem Schneebesen in einer mittelgroßen Schüssel gut vermischen.

3 Die flüssigen Zutaten in die Mehlmischung geben und vermengen, bis das Mehl ganz untergearbeitet ist.

4 Den Teig gleichmässig auf die Muffinformen verteilen und die Muffins auf der mittleren Schiene des Ofens 18–20 Minuten backen, bis sie leicht bräunlich sind. Die Muffins nach 10 Minuten aus den Vertiefungen herausnehmen und auf einem Gitterrost abkühlen lassen.

5 Die restliche Butter zerlassen und in eine kleine Schüssel geben. Den restlichen Zucker und den Zimt in eine andere kleine Schüssel geben und vermischen. Wenn die Muffins nicht mehr heiß sind, jeden Muffinkopf erst kurz in die Butter und dann in den Zimtzucker tauchen. Die Muffins am besten warm und frisch genießen.

Kirschmuffins
Cherry Muffins

- klassisch
- **einfach**
- **kalorienarm**
- Vollkorn
- schnell
- kreativ
- **für Kids**

Zutaten

Butter oder Papierförmchen
für das Blech

200 g Kirschen (entkernt) ·
etwa 110 g Zucker

280 g Mehl · 1 $^1/_2$ TL Natron ·
$^1/_2$ TL Salz · 50 g Butter · 1 frisches Ei · 220 g saure Sahne ·
1 P. Bourbon-Vanillezucker

Für 12 Muffins
Zubereitungszeit: ca. 25 Min.
Backzeit: ca. 18 Min.
ca. 190 kcal je Muffin

Tipp
Sie haben keine Kirschen im Haus, aber da steht noch eine Schachtel Kirsch-Schokoladen-Pralinen? Schneiden Sie diese in grobe Stücke und backen Sie sie in die Muffins ein — ein toller Kirschersatz!

1 Den Backofen auf 200 °C (Umluft 170 °C; Gas Stufe 3) vorheizen. Die 12 Vertiefungen eines Muffinblechs mit Butter ausfetten oder mit Papierförmchen auslegen.

2 Die Kirschen waschen, abtropfen lassen und in kleine Stückchen schneiden. Einige Kirschen zur Seite legen. Die restlichen Kirschstückchen mit 2 EL Zucker in eine Schüssel geben und so verrühren, dass sie ganz mit Zucker überzogen sind.

3 Mehl, 50 g Zucker, Natron und Salz in einer großen Schüssel mit einem Schneebesen vermischen. Die Butter zerlassen und mit Ei, saurer Sahne und Vanillezucker mit einem Schneebesen in einer mittelgroßen Schüssel gut vermengen.

4 Die flüssigen Zutaten und die Kirschstückchen in die Mehlmischung geben und alles vorsichtig verrühren, bis das Mehl ganz untergearbeitet ist.

5 Den Teig gleichmäßig auf die Muffinformen verteilen, den restlichen Zucker auf die Muffins streuen und mit den restlichen Kirschen garnieren.

6 Die Muffins auf der mittleren Schiene des Ofens 18–20 Minuten backen, bis sie leicht bräunlich sind. Die Kirschmuffins nach 10 Minuten aus den Vertiefungen herausnehmen und auf einem Gitterrost abkühlen lassen.

Blaubeermuffins
Blueberry Muffins

● klassisch

● einfach

● kalorienarm

● Vollkorn

● schnell

● kreativ

● für Kids

Zutaten

Für den Teig

Butter oder Papierförmchen
für das Blech

480 g frische Blaubeeren (oder
TK-Ware) · 350 g Mehl

110 g Zucker · 2 TL Backpulver ·
1 TL Natron · $^1/_2$ TL Salz

350 ml Buttermilch ·
60 ml Pflanzenöl · 2 frische Eier ·
1 P. Bourbon-Vanillezucker

Für die Streusel

70 g Mehl · 50 g zarte Haferflocken · 70 g Zucker · $^1/_2$ TL Zimt ·
6 EL weiche Butter

Für 12 Muffins
Zubereitungszeit: ca. 20 Min.
Backzeit: ca. 25 Min.
ca. 320 kcal je Muffin

1 Den Backofen auf 200 °C (Umluft 170 °C; Gas Stufe 3) vorheizen. Die 12 Vertiefungen eines Muffinblechs ausfetten oder mit Papierförmchen auslegen.

2 Für die Streusel das Mehl in die Schüssel sieben. Haferflocken, Zucker und Zimt dazugeben und alles gründlich miteinander vermischen. Die Butter in kleinen Stücken hinzufügen und alles miteinander verkneten.

3 Die Blaubeeren verlesen, putzen, waschen, abtropfen lassen, in eine Schüssel geben und mit etwa 1 $^1/_2$ EL Mehl bedecken.

4 Für den Teig das restliche Mehl in eine Schüssel sieben. Zucker, Backpulver, Natron und Salz dazugeben und alles gründlich mit einem Schneebesen vermischen.

5 Die Buttermilch in eine große Schüssel gießen. Öl, Eier und Vanillezucker hinzufügen und alles gründlich verrühren.

6 Die Mehlmischung nach und nach zur Buttermilchmischung geben und alles so lange verrühren, bis das Mehl ganz untergearbeitet ist. Die Blaubeeren vorsichtig unterheben.

7 Den Teig gleichmäßig auf die Muffinformen verteilen und die Mischung für die Streusel auf den Teig geben. Die Muffins auf der mittleren Schiene des Ofens etwa 25 Minuten goldbraun backen.

Zutaten

Butter oder Papierförmchen
für das Blech

280 g Mehl · 50 g Zucker ·
1 P. Bourbon-Vanillezucker ·
1 EL Backpulver ·
$^1/_2$ TL Natron · $^1/_2$ TL Salz

60 g Butter · 1 frisches Ei ·
280 g Joghurt (3,5 % Fett) ·
60 ml Milch

140 g Marmelade (z. B. Himbeer-,
Erdbeer- oder Aprikosenmar-
melade)

Puderzucker zum Bestreuen

Für 12 Muffins
Zubereitungszeit: ca. 20 Min.
Backzeit: ca. 15-20 Min.
ca. 170 kcal je Muffin

Marmeladenmuffins

Marmalade Muffins

1 Den Backofen auf 200 °C (Umluft 170 °C; Gas Stufe 3) vorheizen. Die 12 Vertiefungen eines Muffinblechs ausfetten oder mit Papierförmchen auslegen.

2 Das Mehl in eine Schüssel sieben. Zucker, Vanillezucker Backpulver, Natron und Salz dazugeben und alles gründlich mit einem Schneebesen vermischen.

3 Die Butter zerlassen und in eine große Schüssel geben. Das Ei hineinschlagen und gründlich unterrühren. Joghurt und Milch hinzufügen und alles gut verrühren.

4 Die Mehlmischung nach und nach dazugeben und das Ganze so lange verrühren, bis das Mehl ganz eingearbeitet und ein glatter Teig entstanden ist.

5 Die Hälfte des Teigs gleichmäßig auf die Muffinformen verteilen, sodass diese halb gefüllt sind. Jeweils 1 TL Marmelade auf die Mitte der Teigfüllung geben und dann alles mit dem restlichen Teig bedecken.

6 Die gefüllten Muffins auf der mittleren Schiene des Ofens 15–20 Minuten backen, bis sie leicht bräunlich sind. Die Muffins aus den Vertiefungen herausnehmen und auf einem Gitterrost abkühlen lassen. Zuerst auf die noch warmen, dann auf die abgekühlten Muffins Puderzucker sieben.

klassisch ⊕

einfach ⊕

kalorienarm ⊕

Vollkorn ⊖

schnell ⊕

kreativ ⊖

für Kids ⊖

Mandelmuffins

Almond Crunch Muffins

● klassisch

● einfach

● kalorienarm

● Vollkorn

● schnell

● kreativ

● für Kids

1 Den Backofen auf 200 °C (Umluft 170 °C; Gas Stufe 3) vorheizen. Die 12 Vertiefungen eines Muffinblechs mit Butter ausfetten oder mit Papierförmchen auslegen.

2 Für die Streusel die Butter zerlassen und in eine Schüssel geben. Mehl, braunen Zucker sowie gehackte Mandeln dazugeben und alles miteinander vermischen.

3 Für den Teig das Mehl, Zucker, Vanillezucker, Natron und Salz in einer großen Schüssel mit einem Schneebesen vermischen. Die Butter zerlassen und mit Ei, Joghurt und Mandelaroma mit einem Schneebesen in einer mittelgroßen Schüssel gut vermischen.

4 Die flüssigen Zutaten in die Mehlmischung geben und vorsichtig vermischen, bis das Mehl ganz eingearbeitet ist.

5 Den Teig mit einem großen Löffel gleichmäßig auf die Muffinformen verteilen und jeden Muffin mit den gehackten Mandeln garnieren.

6 Die Muffins im Backofen auf der mittleren Schiene 18–20 Minuten backen, bis sie leicht bräunlich sind. Das Gebäck aus dem Ofen nehmen, nach 10 Minuten aus den Vertiefungen nehmen und auf einem Gitterrost abkühlen lassen.

Zutaten

Für den Teig
Butter oder Papierförmchen
für das Blech
280 g Mehl · 70 g Zucker ·
1 P. Bourbon-Vanillezucker ·
1 1/2 TL Natron · 1/2 TL Salz ·
40 g Butter · 1 frisches Ei ·
220 g Joghurt · 1/4 TL (8 Tropfen)
Mandelaroma ·
50 g gehackte Mandeln
Für die Streusel
2 EL Butter · 40 g Mehl ·
50 g braunen Zucker ·
50 g gehackte Mandeln

Für 12 Muffins
Zubereitungszeit: ca. 25 Min.
Backzeit: ca. 18 Min.
ca. 230 kcal je Muffin

Tipp
Die Mandeln sind besonders lecker, wenn Sie sie folgendermaßen verarbeiten: Kaufen Sie ganze Kerne. Überbrühen Sie sie mit heißem Wasser, damit sich die Schale gut abziehen lässt, und rösten Sie die Mandeln in der Pfanne ohne Fett, bis sie eine goldbraune Farbe haben. Dann zerkleinern Sie sie wie gewünscht.

Zutaten

Für den Teig

Butter oder Papierförmchen
für das Blech

280 g Mehl · 1 TL Natron ·
1 TL Backpulver

3 reife Bananen · 110 g Butter ·
2 frische Eier · 210 g Zucker ·
2 EL Milch · 1 P. Bourbon-
Vanillezucker

Für den Aufstrich

110 g zimmerwarmer Frischkäse
(Doppelrahmstufe) · 50 g weiche
Butter · 1 P. Vanillezucker ·
190 g Puderzucker

Für 18 Muffins
Zubereitungszeit: ca. 15 Min.
Backzeit: ca. 20 Min.
ca. 270 kcal je Muffin

Glasierte Bananenmuffins

Frosted Banana Muffins

- klassisch
- einfach
- kalorienarm
- Vollkorn
- schnell
- kreativ
- für Kids

1 Den Backofen auf 180 °C (Umluft 150 °C; Gas Stufe 2–3) vorheizen. Die 12 Vertiefungen eines Muffinblechs ausfetten oder mit Papierförmchen auslegen.

2 Mehl in eine Schüssel sieben. Natron und Backpulver dazugeben und alles gründlich miteinander vermischen.

3 Die Bananen schälen, gut zerdrücken und in eine große Schüssel geben. Die Butter zerlassen, Eier, Zucker, Milch und Vanillezucker hinzufügen und alles gründlich verrühren.

4 Die Mehlmischung nach und nach dazugeben und das Ganze so lange verrühren, bis das Mehl ganz untergearbeitet und ein glatter Teig entstanden ist.

5 Den Teig gleichmäßig auf die Muffinformen verteilen. Die Muffins im Ofen auf der mittleren Schiene in 18–20 Minuten goldbraun backen und abkühlen lassen.

6 Inzwischen für den Aufstrich den Frischkäse mit der Butter und dem Vanillezucker verrühren. Den Puderzucker dazusieben und gründlich unterrühren. Die abgekühlten Muffins mit dem Aufstrich bestreichen und servieren.

Tipps

Damit die Muffins süß und intensiv nach Bananen schmecken, sollten Sie überreife braune Früchte verwenden.
Wer gern Nüsse mag, kann zusätzlich 100 g gemahlene Nüsse in den Teig rühren.

Zutaten

Butter oder Papierförmchen
für das Blech ·
50 g Salami am Stück
280 g Mehl · 1 EL Zucker ·
2 TL Backpulver · 1 TL Salz
60 ml Pflanzenöl · 2 frische Eier ·
180 g Buttermilch
50 g geriebener Gouda
(45 % F. i. Tr.)
etwas Paprikapulver, edelsüß

Für 12 Muffins
Zubereitungszeit: ca. 20 Min.
Backzeit: ca. 20 Min.
ca. 180 kcal je Muffin

Salami-Käse-Muffins

Salami-Cheese-Muffins

1 Den Backofen auf 200 °C (Umluft 170 °C; Gas Stufe 3) vorheizen. Die 12 Vertiefungen eines Muffinblechs ausfetten oder mit Papierförmchen auslegen. Die Salami fein würfeln.

2 Das Mehl in eine Schüssel sieben. Zucker, Backpulver und Salz zugeben und alles gut miteinander vermischen.

3 Das Öl in eine große Schüssel gießen. Die Eier zusammen mit der Buttermilch unterrühren.

4 Die Mehlmischung nach und nach dazugeben und verrühren, bis das Mehl ganz untergearbeitet und ein glatter Teig entstanden ist. Den Gouda und die Salamiwürfel unterheben.

5 Den Teig gleichmäßig auf die Muffinformen verteilen und die Muffins auf der mittleren Schiene des Ofens 20–25 Minuten goldbraun backen. Die Muffins vor dem Servieren mit etwas Paprikapulver bestreuen.

klassisch ⊕

einfach ⊕

kalorienarm⊕

Vollkorn ⊖

schnell ⊕

kreativ ⊖

für Kids ⊖

Schokoladenmuffins
Chocolate Muffins

- klassisch
- einfach
- kalorienarm
- Vollkorn
- schnell
- kreativ
- für Kids

Zutaten

Butter oder Papierförmchen
für das Blech
200 g Zartbitterschokolade ·
250 g Mehl · 30 g Kakaopulver ·
2 TL Natron · $1/2$ TL Salz ·
110 g weiche Butter ·
100 g Zucker · 2 Eier ·
170 ml Milch · 1 P. Bourbon-
Vanillezucker

Für 12 Muffins
Zubereitungszeit: ca. 20 Min.
Backzeit: ca. 15 Min.
ca. 300 kcal je Muffin

Tipps
Wer möchte, kann die Schokoladenmuffins auch mit Liebesperlen oder Dekorperlen verzieren.
Probieren Sie diese Muffins auch mal mit Ihrer Lieblingsschokolade oder Ihrem Lieblings-Schokoriegel!

1 Den Backofen auf 190 °C (Umluft 160 °C; Gas Stufe 2–3) vorheizen. Die 12 Vertiefungen eines Muffinblechs mit Butter ausfetten oder mit Papierförmchen auslegen.

2 Die Schokolade in kleine Stückchen zerbrechen. Mehl, Kakaopulver, Natron und Salz in einer großen Schüssel mit einem Schneebesen verrühren. Die Butter zerlassen und mit Zucker, Eiern, Milch und Vanillezucker mit einem Schneebesen in einer mittelgroßen Schüssel gut vermischen.

3 Die flüssigen Zutaten und die Hälfte der Schokoladenstückchen in die Mehlmischung geben und verrühren, bis das Mehl ganz untergearbeitet ist.

4 Den Teig gleichmäßig auf die Muffinformen verteilen und die restlichen Schokoladenstückchen auf die Muffins geben. Die Muffins auf der mittleren Schiene des Ofens 18 Minuten backen, herausnehmen, nach 10 Minuten aus den Vertiefungen herausnehmen und auf einem Gitterrost abkühlen lassen.

Apfelmuffins

Apple Muffins

● klassisch

● einfach

● kalorienarm

● Vollkorn

● schnell

● kreativ

● für Kids

1 Den Backofen auf 200 °C (Umluft 170 °C; Gas Stufe 3) vorheizen. Die 12 Vertiefungen eines Muffinblechs mit Butter ausfetten oder mit Papierförmchen auslegen.

2 Die Äpfel schälen, die Kerngehäuse entfernen und das Fruchtfleisch sehr klein schneiden. Die Stückchen in eine Schüssel geben und mit 2 EL Zucker und $1/2$ TL Zimt bestreuen.

3 Das Mehl in eine große Schüssel sieben. 50 g Zucker, Natron und Salz dazugeben und alles gründlich mit einem Schneebesen vermischen.

4 Die Butter zerlassen und in eine Schüssel geben. 100 g Zucker, Ei, Buttermilch und Vanillezucker hinzufügen und alles mit einem Schneebesen gründlich verrühren.

5 Die flüssigen Zutaten und die Apfelstückchen in die Mehlmischung geben und verrühren, bis das Mehl ganz eingearbeitet ist.

6 Den Teig gleichmäßig auf die Muffinformen verteilen. 2 EL Zucker und $1/2$ TL Zimt vermischen und auf die Muffins streuen. Die Muffins auf der mittleren Schiene des Ofens 18 Minuten lang backen, bis sie leicht bräunlich sind, herausnehmen, nach 10 Minuten aus den Vertiefungen nehmen und auf einem Gitterrost abkühlen lassen.

Zutaten

Butter oder Papierförmchen für das Blech

2 kleine Äpfel · 210 g Zucker · 1 TL Zimt

280 g Mehl · 1 $1/2$ TL Natron · $1/2$ TL Salz

100 g Butter · 1 frisches Ei · 250 g Buttermilch · 1 P. Bourbon-Vanillezucker

Für 12 Muffins
Zubereitungszeit: ca. 25 Min.
Backzeit: ca. 18 Min.
ca. 235 kcal je Muffin

Tipp
Mit Hagelzucker oder einem Sahnehäubchen garniert, sind diese Muffins noch leckerer.

Variationen
Ein intensives Apfelaroma erhalten Sie, wenn Sie getrocknete Apfelringe nehmen und diese kleingeschnitten in den Teig geben.
Sehr lecker ist auch die Kombination Apfel und Möhre. Ersetzen Sie dafür einen Apfel durch eine geriebene Möhre.

Brownies

Brownies

- **klassisch**
- **einfach**
- kalorienarm
- Vollkorn
- schnell
- kreativ
- für Kids

Zutaten

230 g Zartbitterschokolade ·
130 g Butter
140 g Mehl · $\frac{1}{2}$ TL Backpulver ·
$\frac{1}{4}$ TL Salz · 210 g Zucker ·
1 P. Bourbon-Vanillezucker ·
3 frische Eier

Für 24 Brownies
Zubereitungszeit: ca. 20 Min.
Backzeit: ca. 25 Min.
ca. 160 kcal je Brownie

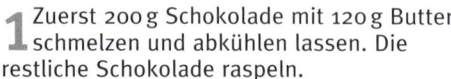

1 Zuerst 200 g Schokolade mit 120 g Butter schmelzen und abkühlen lassen. Die restliche Schokolade raspeln.

2 Mehl, Backpulver und Salz vermischen. Den Backofen auf 180 °C (Umluft 150 °C; Gas Stufe 2–3) vorheizen. Eine Kuchenform (etwa 20 x 30 cm) mit der restlichen Butter ausfetten. Die lauwarme Schokoladenmischung mit Zucker, Vanillezucker und Eiern verrühren.

3 Die Mehlmischung nach und nach dazugeben und alles zu einem glatten Teig verrühren. Die Schokoladenstückchen unter den Teig heben. Den Teig in die Form geben und im Ofen auf der mittleren Schiene 25 Minuten backen. Das Gebäck abkühlen lassen und in etwa 5 cm große Quadrate schneiden.

Tipp
Brownies und Schnitten sollen außen kross, innen aber noch schön weich sein. Nehmen Sie nach Möglichkeit eine Backform in der im Rezept angegebenen Größe. Ansonsten stimmt die Dicke des Gebäcks nicht und Sie erhalten nicht das richtige Verhältnis von krosser Außenhaut und saftigem Kern.

Zutaten

Butter für die Form · 240 g Mehl ·
90 g zarte Haferflocken ·
1 TL Natron · $\frac{1}{4}$ TL Muskatnuss ·
1 TL Zimt · 1 P. Bourbon-Vanillezucker · $\frac{1}{2}$ TL Salz
110 g weiche Butter · 150 g Zu-
cker · 1 $\frac{1}{2}$ EL Zuckerrübensirup ·
1 frisches Ei · 240 g Apfelmus ·
130 g Rosinen

Für 18 Stücke
Zubereitungszeit: ca. 15 Min.
Backzeit: ca. 18 Min.
ca. 180 kcal je Stück

Zimt-Apfel-Riegel

Cinnamon Apple Squares

1 Den Backofen auf 170 °C (Umluft 140 °C;
Gas Stufe 1–2) vorheizen. Eine Backform
(etwa 20 x 30 cm) mit Butter ausfetten. Das
Mehl in eine Schüssel sieben. Haferflocken,
Natron, Muskatnuss, Zimt, Vanillezucker
und Salz dazugeben und alles mit einem
Schneebesen vermischen.

2 Butter, Zucker und Zuckerrübensirup in
eine große Schüssel geben und alles
schaumig schlagen. Ei und Apfelmus dazugeben und gründlich verrühren. Mehlmischung und Rosinen zugeben und das
Ganze zu einem Teig verarbeiten.

3 Den Rührteig in die Kuchenform geben,
gleichmäßig verteilen und auf der mittleren Schiene des Ofens 18 Minuten backen.
Den Kuchen abkühlen lassen und mit
Puderzucker bestreuen.

klassisch ●
einfach ●
kalorienarm ●
Vollkorn ●
schnell ●
kreativ ●
für Kids ●

Möhren-Nuss-Happen

Carrot Nut Squares

- ● klassisch
- ● einfach
- ● kalorienarm
- ● Vollkorn
- ● schnell
- ● kreativ
- ● für Kids

Zutaten

140 g Mehl · 1 TL Zimtpulver ·
$1/2$ TL Natron · $1/2$ TL Salz
50 g Walnusskerne ·
130 g Möhren
Butter für die Form
110 g weiche Butter ·
150 g Zucker · 1 frisches Ei ·
2 EL Milch
85 g Doppelrahmfrischkäse ·
30 g Butter · 140 g Puderzucker ·
1 TL Vanillearoma

Für 16 Stücke
Zubereitungszeit: ca. 25 Min.
Backzeit: ca. 28 Min.
ca. 220 kcal je Stück

Tipps
Um den Frischkäse und die Butter schnell auf Zimmertemperatur zu erwärmen, kann man sie kurz in die Mikrowelle stellen.
Falls die Glasur zu steif wird, rühren Sie etwas mehr Frischkäse unter.
Der Möhrenkuchen kann problemlos im Kühlschrank aufbewahrt werden. Servieren Sie ihn aber immer mit Zimmertemperatur – dann schmeckt er am besten.
Wer möchte, kann die Nusshappen mit Marzipankarotten oder gehackten Walnusskernen garnieren.

1 Das Mehl in eine Schüssel sieben. Zimtpulver, Natron und Salz dazugeben und alles gründlich mit einem Schneebesen vermischen.

2 Die Walnusskerne fein hacken. Die Möhren putzen, schälen, waschen, trockentupfen und mit einer Gemüsereibe raspeln.

3 Den Backofen auf 180 °C (Umluft 150 °C; Gas Stufe 2–3) vorheizen. Eine Backform (etwa 20 x 20 cm) mit Butter einfetten.

4 Butter und Zucker in eine große Schüssel geben und alles miteinander verrühren. Nacheinander das Ei und die Milch dazugeben und jeweils gut unterrühren.

5 Die Mehlmischung nach und nach dazugeben und das Ganze zu einem glatten Teig verrühren. Die Walnüsse und die Möhren unter den Teig heben.

6 Den Rührteig in die Backform füllen und auf der mittleren Schiene des Ofens etwa 28 Minuten backen.

7 Für die Glasur den Frischkäse und die Butter – beide sollten Zimmertemperatur haben – zu einer Creme verrühren. Den Puderzucker in die Creme sieben und das Vanillearoma gründlich und gleichmäßig unterrühren. Den abgekühlten Kuchen mit der Glasur bestreichen.

Zutaten

Für den Teig

140 g Mehl · ¹/₂ TL Backpulver ·
¹/₄ TL Salz

200 g Zartbitterschokolade ·
130 g Butter

Butter für die Form

220 g Zucker · 1 P. Bourbon-
Vanillezucker · 3 frische Eier

Für die Glasur

130 g Zartbitterschokolade ·
50 g Butter · 2 EL Espresso oder
sehr starker Kaffee

50 g gehobelte Mandeln

Für 24 Brownies
Zubereitungszeit: ca. 20 Min.
Backzeit: ca. 25 Min.
ca. 150 kcal je Brownie

Espressobrownies

Espresso Brownies

klassisch

einfach

kalorienarm

Vollkorn

schnell

kreativ

für Kids

1 Für den Teig das Mehl in eine Schüssel sieben. Backpulver und Salz dazugeben und alles gründlich miteinander vermischen.

2 Die Schokolade mit der Butter bei kleiner Hitze unter ständigen Rühren schmelzen. Sobald die Schokolade geschmolzen ist, die Mischung vom Herd nehmen und etwas abkühlen lassen.

3 Den Ofen auf 180 °C (Umluft 150 °C; Gas Stufe 2–3) vorheizen. Eine rechteckige Kuchenform (etwa 20 x 30 cm) mit Butter ausfetten.

4 Die lauwarme Schokoladen-Butter-Mischung in eine Schüssel umfüllen und unter ständigem Rühren den Zucker einrieseln lassen. Den Vanillezucker und nacheinander die Eier dazugeben; diese jeweils gut unterrühren.

5 Die Mehlmischung nach und nach zur Schokoladen-Butter-Mischung geben und alles so lange verrühren, bis das Mehl ganz eingearbeitet und ein glatter Teig entstanden ist.

6 Den Teig in der Kuchenform gleichmäßig verteilen, auf der mittleren Schiene des Ofens 25 Minuten backen, herausnehmen und in der Form abkühlen lassen.

7 Inzwischen für die Glasur die Schokolade und die Butter bei kleiner Hitze unter ständigem Rühren schmelzen. Sobald die Schokolade geschmolzen ist, die Mischung vom Herd nehmen und den Espresso oder Kaffee gründlich unterrühren.

8 Den Kuchen mit der Schokoladenglasur bestreichen und mit den Mandeln bestreuen, solange die Glasur noch nicht getrocknet ist. Die Glasur erkalten lassen und den Kuchen vor dem Servieren in etwa 5 x 6 cm große Rechtecke schneiden.

Käsekuchenhappen

Cheesecake Squares

1 Den Backofen auf 180 °C (Umluft 150 °C; Gas Stufe 2–3) vorheizen. Eine quadratische Kuchenform (etwa 20 x 20 cm) mit Butter ausfetten.

2 Für den Teig die Butter in eine große Schüssel geben und cremig rühren. Unter ständigem Rühren den Zucker einrieseln lassen und das Ganze schaumig schlagen. Das Mehl nach und nach dazusieben und alles zu einem glatten Teig verrühren. Die Kekse zerkrümeln und unter den Teig heben. Etwa ein Drittel des Teigs beiseite stellen.

3 Den restlichen Teig für den Kuchenboden gleichmäßig in der Kuchenform verteilen und andrücken. Den Kuchenboden auf der mittleren Schiene des Ofens 10–15 Minuten backen, bis er leicht gebräunt ist, dann herausnehmen und abkühlen lassen. Den Ofen nicht ausschalten.

4 Für den Belag den Frischkäse mit dem Zucker in eine Schüssel geben und gut verrühren. Ei, Milch, Vanillezucker und Citroback zugeben und ebenfalls gut verrühren. Die Käsemischung auf dem abgekühlten Kuchenboden gleichmäßig verteilen.

5 Den restlichen Teig auf die Käsemischung krümeln und die gehackten Mandeln darauf streuen.

6 Den Kuchen auf der mittleren Schiene des Ofens 20–25 Minuten backen, bis er leicht gebräunt ist. Den Kuchen herausnehmen, in der Form abkühlen lassen, in den Kühlschrank stellen und vor dem Servieren in etwa 5 x 5 cm große Quadrate schneiden.

Tipp
Die Squares schmecken am besten zimmerwarm. Deshalb rechtzeitig aus dem Kühlschrank nehmen.

Zutaten

Für den Teig
Butter für die Form
90 g weiche Butter ·
50 g Zucker · 140 g Mehl ·
7 Vollkornkekse (ca. 50 g)
Für den Belag
200 g Frischkäse (Doppelrahmstufe) · 50 g Zucker · 1 frisches Ei ·
2 EL Milch · 1 P. Bourbon-Vanillezucker · ¹/₂ TL Citroback
2 EL gehackte Mandeln

Für 16 Stück
Zubereitungszeit: ca. 35 Min.
Backzeit: ca. 20 Min.
ca. 170 kcal je Stück

klassisch ⊕
einfach ⊕
kalorienarm ⊖
Vollkorn ⊕
schnell ⊖
kreativ ⊖
für Kids ⊖

Haferflocken-Dattel-Riegel
Oatmeal Squares

- klassisch
- einfach
- kalorienarm
- Vollkorn
- schnell
- kreativ
- für Kids

1 Die Datteln mit dem Zucker und 160 ml Wasser in einen Topf geben und aufkochen lassen. Die Hitze reduzieren und alles etwa 20 Minuten köcheln lassen, bis die Datteln weich und zu kleinen Stückchen zerfallen sind. Die Datteln vom Herd nehmen, den Zitronensaft zugeben und das Ganze gut vermischen.

2 Den Backofen auf 170 °C (Umluft 140 °C; Gas Stufe 1–2) vorheizen. Eine quadratische Kuchenform (20 x 20 cm) mit Butter ausfetten.

3 Das Mehl in eine Schüssel sieben. Haferflocken, braunen Zucker, Natron und Salz dazugeben und mit einem Schneebesen vermischen. Die Butter in kleinen Stücken zugeben und alles zu einem Teig verkneten. Die Hälfte des Teigs gleichmäßig in der Form verteilen, den Teig dabei andrücken. Die Datteln vermischen, auf dem Teigboden verteilen und den restlichen Teig darübergeben.

4 Den Kuchen auf der mittleren Schiene des Ofens etwa 35 Minuten backen, bis er goldbraun ist, dann in der Form gut abkühlen lassen und in etwa 6 x 6 cm große Quadrate schneiden.

Zutaten

160 g kernlose Datteln ·
50 g Zucker · 60 ml Zitronensaft
Butter für die Form
140 g Mehl · 140 g Haferflocken ·
100 g brauner Zucker ·
$1/2$ TL Natron · $1/4$ TL Salz ·
140 g weiche Butter

Für 16 Stücke
Zubereitungszeit: ca. 30 Min.
Backzeit: ca. 35 Min.
ca. 200 kcal je Portion

Variationen
Probieren Sie die Oatmeal Squares nicht mit Datteln, sondern mit anderen trockenen Früchten wie Aprikosen oder Äpfeln.
Bestreichen Sie die Riegel doch einmal mit einem Zuckerguss und garnieren Sie sie mit Dattelstücken.

Zitronenhäppchen
Lemon Squares

- ⊕ klassisch
- ⊕ einfach
- ⊕ kalorienarm
- ⊖ Vollkorn
- ⊖ schnell
- ⊖ kreativ
- ⊖ für Kids

Zutaten

Für den Teig

Butter für die Form

140 g Mehl · 30 g Puderzucker

110 g weiche Butter

Für den Belag

2 frische Eier · 100 g Zucker ·
1 P. Citroback · 60 ml Zitronensaft

2 EL Mehl · ¹/₂ TL Backpulver ·
¹/₄ TL Salz

Puderzucker zum Bestreuen

Für 16 Stück
Zubereitungszeit: ca. 20 Min.
Backzeit: ca. 40 Min.
ca. 130 kcal je Portion

1 Den Backofen auf 180 °C (Umluft 150 °C; Gas Stufe 2–3) vorheizen. Eine quadratische Kuchenform (etwa 20 x 20 cm) mit Butter ausfetten.

2 Das Mehl mit dem Puderzucker in eine Schüssel sieben und beides miteinander vermischen.

3 Die Butter in kleinen Stücken zur Zucker-Mehl-Mischung geben und alles zu einen Teig verkneten. Den Teig gleichmäßig in der Kuchenform verteilen und fest andrücken.

4 Den Teig auf der mittleren Schiene des Ofens etwa 15 Minuten backen, dann herausnehmen und die Temperatur auf 150 °C (Umluft 120 °C; Gas Stufe 1–2) reduzieren.

5 Für den Belag die Eier in einer großen Schüssel verquirlen. Zucker, Citroback und Zitronensaft dazugeben und die Mischung schaumig schlagen.

6 Mehl und Backpulver in die Zitronenmischung sieben und das Ganze mit dem Salz gründlich zu einer glatten Creme verrühren. Die Zitronencreme auf den Kuchenboden geben und gleichmäßig verteilen.

7 Den Zitronenkuchen auf der mittleren Schiene des Ofens 25 Minuten backen, bis er leicht gebräunt ist. Den Kuchen abkühlen lassen, vor dem Servieren mit gesiebtem Puderzucker bestreuen und in etwa 5 x 5 cm große Quadrate schneiden.

Tipp
Die Zitronenhäppchen schmecken noch besser, wenn Sie statt Fertigware frisch abgeriebene Zitronenschale nehmen.

Zutaten

Für den Teig

110 g Butter

210 g Mehl · 1/2 TL Natron ·
1/4 TL Salz · 50 g Walnusskerne

Butter für die Form

210 g Zucker · 2 TL Zuckerrübensirup · 1 frisches Ei · 1 P. Bourbon-
Vanillezucker · 2 EL Milch

Für die Glasur

70 g Puderzucker · 1 EL Milch

Für 24 Stück
Zubereitungszeit: ca. 15 Min.
Backzeit: ca. 30 Min.
ca. 200 kcal je Stück

Blondinen

Blondies

1 Die Butter in einem geeigneten Gefäß in der Mikrowelle oder auf dem Herd zerlassen und dann etwas abkühlen.

2 Das Mehl in eine Schüssel sieben, Natron und Salz dazugeben und alles gut vermischen. Die Nüsse fein hacken.

3 Den Backofen auf 180 °C (Umluft 150 °C; Gas Stufe 2–3) vorheizen. Eine quadratische Kuchenform (etwa 20 x 20 cm) mit Butter ausfetten.

4 Die Butter in eine Schüssel geben. Unter ständigem Rühren den Zucker einrieseln lassen. Sirup, Ei, Vanillezucker und 2 EL Milch gut unterrühren.

5 Die Mehlmischung nach und nach dazugeben und das Ganze zu einem glatten Teig verrühren. Mit einem großen Löffel die Walnüsse unterheben.

6 Den Teig in die Form füllen und auf der mittleren Schiene des Ofens 30–35 Minuten backen. Den Kuchen aus dem Ofen nehmen und in der Form abkühlen lassen.

7 Inzwischen für die Glasur den Puderzucker in eine Schüssel fein sieben und mit der Milch gründlich verquirlen.

8 Den Kuchen mit der Glasur bestreichen und diese trocknen lassen. Den Kuchen in etwa 5 x 5 cm große Quadrate schneiden.

klassisch ⊖

einfach ⊖

kalorienarm ⊖

Vollkorn ⊖

schnell ⊖

kreativ ⊕

für Kids ⊕

Tipp
Wer gern Schokolade mag, kann zusätzlich 50 g zerkleinerte Zartbitterschokolade unter den Teig heben.

Schoko-Erdnuss-Happen
Peanutbutter Chocolate Squares

● klassisch

● einfach

● kalorienarm

● Vollkorn

● schnell

● kreativ

● für Kids

Zutaten

Für den Teig

210 g Mehl · 1 TL Natron

110 g Butter

Butter für die Form

210 g Zucker · 130 g Erdnuss-creme · 2 TL Zuckerrübensirup · 2 frische Eier · 2 EL Milch · 1 P. Bourbon-Vanillezucker

50 g gehackte, ungesalzene Erdnüsse

Für die Glasur

200 g Zartbitterschokolade

Für 16 Stück
Zubereitungszeit: ca. 25 Min.
Backzeit: ca. 30 Min.
ca. 280 kcal je Stück

Tipp
Für Erdnussfans können Sie die Squares zusätzlich mit Erdnüssen bestreuen. Die Nüsse auf die geschmolzene Schokolade streuen und alles abkühlen lassen.

1 Das Mehl in eine Schüssel sieben. Das Natron zugeben und alles gründlich vermischen.

2 Die Butter in einem geeigneten Gefäß in der Mikrowelle oder auf dem Herd bei kleiner Hitze zerlassen und etwas abkühlen lassen.

3 Den Backofen auf 180 °C (Umluft 150 °C; Gas Stufe 2–3) vorheizen. Eine quadratische Kuchenform (etwa 20 x 20 cm) mit Butter ausfetten.

4 Die zerlassene Butter mit Zucker, Erdnusscreme und Zuckerrübensirup in einer großen Schüssel gut verrühren. Nacheinander Eier, Milch und Vanillezucker zugeben und alles gut unterrühren.

5 Die Mehlmischung nach und nach zur Butter-Erdnuss-Mischung geben und alles so lange rühren, bis das Mehl ganz eingearbeitet und ein glatter Teig entstanden ist. Die Erdnüsse zum Teig geben und mit einem großen Löffel unterheben.

6 Den Rührteig in die Kuchenform geben, gleichmäßig verteilen und auf der mittleren Schiene des Ofens 30–35 Minuten backen. Inzwischen für die Glasur die Schokolade zerkleinern.

7 Den Kuchen aus dem Ofen nehmen und sofort mit den Schokoladenstückchen bestreuen. Den Kuchen mit Alufolie bedecken oder wieder kurz in den Backofen stellen, damit die Schokolade schmilzt. Die geschmolzene Schokolade mit der Breitseite einer Messerklinge gleichmäßig auf dem Kuchen verteilen und diesen abkühlen lassen. Den Kuchen vor dem Servieren in etwa 5 x 5 cm große Quadrate schneiden.

Walnusshappen
Walnut Squares

- klassisch
- einfach
- kalorienarm
- Vollkorn
- schnell
- kreativ
- für Kids

1 Den Backofen auf 190 °C (Umluft 160 °C; Gas Stufe 2–3) vorheizen. Eine quadratische Kuchenform (etwa 20 x 20 cm) mit Butter ausfetten.

2 Die Butter in einer Schüssel cremig rühren. 50 g Zucker, Zuckerrübensirup, Vanillezucker und Salz mit der Butter schaumig schlagen. Das Eigelb hinzufügen und alles miteinander verrühren. Das Mehl nach und nach dazugeben und das Ganze zu einem Teig verarbeiten. Den Teig in der Form gleichmäßig verteilen, andrücken und auf der mittleren Schiene des Ofens etwa 10 Minuten backen, bis er leicht gebräunt ist.

3 Das Eiweiß in eine Schüssel geben und zu weichem Schnee schlagen. Den restlichen Zucker, den Zimt sowie die Walnussstückchen zugeben und unterheben, bis alles gut vermischt ist.

4 Die Eiweißmischung gleichmäßig auf dem Kuchenboden verteilen und den Kuchen auf der mittleren Schiene 12 Minuten backen, bis er leicht gebräunt ist. Den Kuchen herausnehmen, in der Form abkühlen lassen und vor dem Servieren in etwa 5 x 5 cm große Quadrate schneiden.

Zutaten

Butter für die Form

110 g weiche Butter ·
110 g Zucker · 1 TL Zuckerrübensirup · 1 P. Bourbon-Vanillezucker · $^1/_4$ TL Salz · 1 frisches Eigelb · 175 g Mehl

1 Eiweiß · $^1/_2$ TL Zimt ·
110 g gehackte Walnusskerne

Für 16 Stücke
Zubereitungszeit: ca. 20 Min.
Backzeit: ca. 12 Min.
ca. 170 kcal je Stück

Variation
Sehr lecker und typisch amerikanisch sind Pecannüsse. Verwenden Sie diese wie hier die Walnüsse. Aromatischer werden die Nüsse, wenn Sie sie zunächst in einer Pfanne ohne Fett anrösten und erst dann zerkleinern.

Zutaten

320 g Mehl · 50 g Kakaopulver ·
1 TL Natron · ¼ TL Salz ·
200 g weiße Schokolade ·
200 g Zartbitterschokolade
220 g Butter · 320 g Zucker ·
2 EL Zuckerrübensirup ·
2 frische Eier · 1 P. Bourbon-
Vanillezucker · 1 EL Milch
Backpapier für das Blech

Für ca. 40 Stück
Zubereitungszeit: ca. 40 Min.
Backzeit: ca. 10 Min.
ca. 160 kcal je Stück

Schwarz-Weiß-Kekse

Black & Whites

- klassisch
- einfach
- kalorienarm
- Vollkorn
- schnell
- **kreativ**
- **für Kids**

1 Das Mehl in eine Schüssel sieben. Kakaopulver, Natron und Salz dazugeben und alles mit einem Schneebesen gut vermischen. Die beiden Schokoladensorten zerkleinern.

2 Die Butter in einer großen Schüssel cremig rühren. Den Zucker einrieseln lassen und mit der Butter schaumig schlagen. Den Sirup und nacheinander die Eier dazugeben und jeweils gut unterrühren. Vanillezucker und die Milch hinzufügen und alles miteinander vermengen.

3 Die Mehlmischung nach und nach zur Butter-Eier-Mischung geben und alles zu einem glatten Teig verrühren. Die Schokoladenstückchen mit einem großen Löffel unterheben. Den Backofen auf 190 °C (Umluft 160 °C; Gas Stufe 2–3) vorheizen.

4 Ein Backblech mit Backpapier auslegen. Aus dem Teig etwa 4 cm große Bällchen formen und diese mit etwa 8 cm Abstand auf das Backblech legen. Die Kekse auf der mittleren Schiene des Ofens 10–12 Minuten backen. Das Blech 2 Minuten abkühlen lassen, die Kekse herunternehmen und auf einem Gitter auskühlen lassen.

Tipp
Geben Sie auf einen noch warmen Keks eine Kugel Vanilleeis, ein paar Erdbeeren und etwas Schlagsahne. Sie erhalten ein köstliches Dessert!

Variation
100 g gehackte, geröstete Pecannüsse schmecken sehr gut in diesen Keksen.

Haferflocken-Rosinen-Kekse

Oatmeal Raisin Cookies

Zutaten

280 g Mehl · 1 TL Natron ·
1 TL Zimtpulver · 1 TL Salz
220 g Margarine · 320 g Zucker ·
2 EL Zuckerrübensirup ·
2 frische Eier · 1 P. Bourbon-
Vanillezucker · 2 EL Orangensaft
300 g Haferflocken ·
160 g ungeschwefelte Rosinen
Backpapier für das Blech

klassisch ⊕

einfach ⊕

kalorienarm ⊖

Vollkorn ⊕

schnell ⊖

kreativ ⊖

für Kids ⊕

Für ca. 60 Stück
Zubereitungszeit: ca. 1 Std.
Backzeit: ca. 10 Min.
ca. 100 kcal je Stück

1 Das Mehl in eine Schüssel sieben. Natron, Zimtpulver und Salz zugeben und alles miteinander vermischen.

2 Die Margarine in einer großen Schüssel cremig rühren. Unter ständigem Rühren den Zucker einrieseln lassen und den Zuckerrübensirup dazugeben. Nacheinander die Eier hinzufügen, diese jeweils gut unterrühren. Zuletzt den Vanillezucker sowie den Orangensaft zugeben und alles gründlich miteinander verrühren.

3 Die Mehlmischung nach und nach zur Margarinemischung geben und alles zu einem glatten Teig vermengen. Die Haferflocken und die Rosinen zum Teig geben und mit einem großen Löffel vorsichtig unterrühren. Den Backofen auf 160 °C (Umluft 130 °C; Gas Stufe 1–2) vorheizen.

4 Ein Backblech mit Backpapier auslegen. Aus dem Teig etwa 4 cm große Bällchen formen und diese mit etwa 8 cm Abstand auf das Blech legen. Die Kekse auf der mittleren Schiene des Ofens 10–15 Minuten goldbraun backen.

Tipp
Zu diesen köstlichen Keksen schmeckt frisch gepresster Orangensaft besonders gut.

Möhren-Kokos-Kekse

Carrot Coconut Cookies

- klassisch
- **einfach**
- kalorienarm
- Vollkorn
- **schnell**
- **kreativ**
- **für Kids**

Zutaten

Für den Teig

Backpapier für das Blech

210 g Mehl · $1/4$ TL Natron ·
$1/4$ TL Salz · 50 g Walnusskerne ·
80 g Möhren

110 g weiche Butter ·
100 g Zucker · 1 TL Zuckerrübensirup · 1 frisches Ei · 2 EL Orangensaft · 1 TL Orangeback (oder
Schale 1 unbehandelten Orange)

50 g Kokosraspel

Für die Glasur

110 g Puderzucker ·
20 g Doppelrahmfrischkäse (Zimmertemperatur) · 1 EL Milch ·
$1/4$ TL Vanillearoma

Für ca. 40 Kekse
Zubereitungszeit: ca. 30 Min.
Backzeit: ca. 12-15 Min.
ca. 80 kcal je Portion

Tipps
Originell: Garnieren
Sie diese Kekse mit
Gelee-Orangen.
Es kostet etwas Zeit,
Kokosraspel selbst zu
machen, aber ge-
schmacklich lohnt
sich die Arbeit!

1 Den Backofen auf 180 °C (Umluft 150 °C; Gas Stufe 2–3) vorheizen und ein Back-blech mit Backpapier auslegen.

2 Das Mehl in eine Schüssel sieben. Nat-ron und Salz dazugeben und alles mit ei-nem Schneebesen gut vermischen. Die Wal-nusskerne fein hacken. Die Möhren putzen, schälen, waschen, trockentupfen und mit ei-ner Gemüsereibe raspeln.

3 Die Butter in eine Schüssel geben und cremig rühren. Zucker und Zuckerrüben-sirup einrieseln lassen und mit der Butter schaumig schlagen. Ei, Orangensaft und Orangeback nacheinander jeweils gut un-terrühren.

4 Die Mehlmischung nach und nach zur Buttermischung geben und alles zu ei-nem glatten Teig verarbeiten. Gehackte Wal-nusskerne, Karotten- und Kokoraspel zum Teig geben und mit einem großen Löffel gut unterheben.

5 Mit einem Teelöffel aus dem Teig etwa 3 cm große Bällchen formen und diese mit etwa 5 cm Abstand auf das Backblech legen. Die Kekse auf der mittleren Schiene des Ofens 12–15 Minuten hellbraun backen.

6 Für die Glasur den Puderzucker in eine mittelgroße Schüssel sieben. Frischkäse, Milch und Vanillearoma dazugeben und al-les gut verquirlen. Wenn die Kekse ab-gekühlt sind, jeden Keks einzeln in die Gla-sur stippen. Etwas mehr Milch zugeben, wenn die Glasur zu steif sein sollte.

Schokoladen-Mandel-Kekse
Chocolate Almond Treasures

- klassisch
- einfach
- kalorienarm
- Vollkorn
- schnell
- kreativ
- für Kids

Zutaten

Backpapier für das Blech

180 g Zartbitterschokolade · 280 g Mehl · $^1/_2$ TL Natron · $^1/_2$ TL Salz

160 g weiche Butter · 180 g Zucker · 2 TL Zuckerrübensirup · 1 P. Bourbon-Vanillezucker · 1 frisches Ei

180 g Zartbitterschokolade · 110 g Mandelstifte

Für ca. 35 Kekse
Zubereitungszeit: ca. 20 Min.
Backzeit: ca. 8-10 Min.
ca. 130 kcal je Stück

1 Den Backofen auf 190 °C (Umluft 160 °C; Gas Stufe 2–3) vorheizen. Ein Backblech mit Backpapier auslegen. Die Schokolade in kleine Stücke brechen.

2 Das Mehl in eine Schüssel sieben. Natron und Salz zugeben und alles mit einem Schneebesen gut vermischen.

3 Die Butter in eine Schüssel geben und cremig rühren. Zucker, Zuckerrübensirup sowie Vanillezucker einrieseln lassen und mit der Butter schaumig schlagen. Das Ei zugeben und gut unterrühren.

4 Die Mehlmischung nach und nach zur Buttermischung geben und alles zu einem glatten Teig verarbeiten. Die Schokoladenstückchen und die Mandelstifte zum Teig geben und mit einem großen Löffel gut unterheben.

5 Mit einem Teelöffel aus dem Teig etwa 3–4 cm große Bälle formen und diese mit etwa 5 cm Abstand auf das Backblech legen. Die Kekse auf der mittleren Schiene des Ofens 8–10 Minuten hellbraun backen.

Variation
Nehmen Sie statt des Zuckerrübensirups $^1/_2$ TL Zimtpulver und lassen Sie die Schokolade weg. Sie erhalten köstliche helle Mandelplätzchen!

Zutaten

350 g Mehl · 2 TL Natron ·
1–2 EL Ingwerpulver ·
2 TL Zimtpulver · $^1/_2$ TL Salz
170 g weiche Butter ·
260 g Zucker · 75 ml Zuckerrübensirup · 1 frisches Ei ·
1 P. Citroback
Backpapier für das Blech

Für ca. 50 Stück
Zubereitungszeit: ca. 25 Min.
Backzeit: ca. 15 Min.
ca. 80 kcal je Stück

Ingwerplätzchen

Ginger Snaps

1 Das Mehl in eine Schüssel sieben. Natron, Ingwer- und Zimtpulver sowie Salz dazugeben und alles mit einem Schneebesen vermischen.

2 Die Butter in einer Schüssel geschmeidig rühren und mit 210 g Zucker schaumig schlagen. Den Sirup dazugeben, das Ei und zuletzt das Citroback unterrühren.

3 Die Mehlmischung nach und nach zugeben und alles zu einem glatten Teig verrühren. Den Backofen auf 180 °C (Umluft 150 °C; Gas Stufe 2–3) vorheizen.

4 Ein Backblech mit Backpapier auslegen. Aus dem Teig etwa 3 cm große Bällchen formen, diese im restlichen Zucker wenden und mit etwa 5 cm Abstand auf das Backblech legen. Die Kekse auf der mittleren Schiene des Ofens etwa 15 Minuten goldbraun backen.

- ⊕ klassisch
- ⊕ einfach
- ⊖ kalorienarm
- ⊖ Vollkorn
- ⊕ schnell
- ⊖ kreativ
- ⊖ für Kids

Tipp
Cookies lassen sich gut aufbewahren, wenn sie in einem luftdichten Behälter gelagert werden. Sollten sie trotzdem weich geworden sein, können Sie sie bei etwa 160 °C im Backofen in etwa 3 Minuten knusprig aufbacken.

Schokoladenkekse

Chocolate Chip Cookies

Zutaten

420 g Mehl · 1 TL Natron ·
1 TL Salz · 400 g Zartbitterschokolade

220 g weiche Butter ·
320 g Zucker · 1 EL Zuckerrübensirup · 2 frische Eier ·
1 P. Bourbon-Vanillezucker

Backpapier für das Blech

klassisch ⊕

einfach ⊕

kalorienarm ⊖

Vollkorn ⊖

schnell ⊖

kreativ ⊖

für Kids ⊕

Für ca. 50 Stück
Zubereitungszeit: ca. 1 Std.
Backzeit: ca. 15 Min.
ca. 130 kcal je Stück

1 Das Mehl in eine Schüssel sieben. Natron und Salz dazugeben und alles gut mit einem Schneebesen vermischen. Die Schokolade zerkleinern.

2 Die Butter in einer Schüssel cremig rühren. Den Zucker einrieseln lassen und mit der Butter schaumig schlagen. Den Zuckerrübensirup und nacheinander die Eier dazugeben, diese jeweils gut unterrühren. Den Vanillezucker hinzufügen und alles gründlich vermengen.

3 Die Mehlmischung nach und nach dazugeben und das Ganze zu einem glatten Teig verrühren. Die Schokoladenstückchen zum Teig geben und mit einem großen Löffel unterheben. Den Backofen auf 190 °C (Umluft 160 °C; Gas Stufe 2–3) vorheizen.

4 Ein Backblech mit Backpapier auslegen. Mit einem Teelöffel aus dem Teig etwa 4 cm große Bällchen formen und diese mit etwa 5 cm Abstand auf das Backblech legen. Die Kekse auf der mittleren Schiene des Ofens etwa 15 Minuten goldgelb backen.

Tipps
Wenn die Cookies nicht ganz so knusprig sein sollen, dann nehmen Sie 90 g Mehl weniger.
Sie können das Rezept sehr schmackhaft variieren, indem Sie 100 g gemahlene Nüsse in den Teig rühren.

Zitronen-Mohn-Kekse

Lemon Poppyseed Cookies

⊖ klassisch

⊕ einfach

⊖ kalorienarm

⊖ Vollkorn

⊕ schnell

⊕ kreativ

⊕ für Kids

1 Den Backofen auf 180 °C (Umluft 150 °C; Gas Stufe 2–3) vorheizen. Ein Backblech mit Backpapier auslegen.

2 Das Mehl in eine Schüssel sieben. Natron, Citroback, Mohn, Vanillezucker und Salz dazugeben und alles gut mit einem Schneebesen vermischen.

3 Die Butter in eine Schüssel geben und cremig rühren. Zucker und Eier dazugeben und jeweils gut unterrühren.

4 Die Mehlmischung nach und nach zur Buttermischung geben und alles zu einem glatten Teig verarbeiten.

5 Mit einem Teelöffel aus dem Teig etwa 3–4 cm große Bällchen formen und diese mit etwa 5 cm Abstand auf das Backblech legen. Mit dem Boden eines Trinkglases die Bällchen vorsichtig flach drücken, bis sie etwa 1 cm dick sind. Die Kekse auf der mittleren Schiene des Ofens 13 Minuten hellbraun backen.

Zutaten

Backpapier für das Blech
370 g Mehl · 1 TL Natron ·
1 P. Citroback · 2 EL Mohn ·
1 P. Bourbon-Vanillezucker ·
$^1/_2$ TL Salz
160 g weiche Butter ·
200 g Zucker · 2 frische Eier

Für ca. 30 Stück
Zubereitungszeit: ca. 20 Min.
Backzeit: ca. 13 Min.
ca. 80 kcal je Stück

Tipps
Ideen für die Garnierung: Geben Sie Zitronenzesten oder Mohn auf die Kekse.
Mohn kann bei empfindlichen Personen zu Kopfschmerzen führen. Falls Sie also lieber darauf verzichten wollen, können Sie stattdessen auch Kokosraspel nehmen. Oder Sie nehmen je 1 EL Zitronat und Orangeat.

Zutaten

2 frische Eier · 150 g Butter ·
110 g Zucker · 1 P. Bourbon-
Vanillezucker · ¹/₄ TL Salz

210 g Mehl

Backpapier für das Blech ·
100 g gehackte Mandeln

180 g Himbeermarmelade

Für ca. 35 Stück
Zubereitungszeit: ca. 30 Min.
Kühlzeit: ca. 30 Min.
Backzeit: ca. 10 Min.
ca. 100 kcal je Stück

Himbeer-Mandel-Kekse

Raspberry Almond Dots

- klassisch
- einfach
- kalorienarm
- Vollkorn
- **schnell**
- **kreativ**
- **für Kids**

1 Die Eier trennen. Die Butter in eine große Schüssel geben und cremig rühren. Unter ständigem Rühren den Zucker einrieseln lassen und alles schaumig schlagen. Das Eigelb, den Vanillezucker und zuletzt das Salz hinzufügen und alles gut miteinander verrühren.

2 Das Mehl zur Buttermischung sieben und so lange rühren, bis es ganz eingearbeitet und ein glatter Teig entstanden ist. Die Schüssel zudecken und den Teig etwa 30 Minuten in den Kühlschrank stellen.

3 Den Backofen auf 160 °C (Umluft 130 °C; Gas Stufe 1–2) vorheizen. Ein Backblech mit Backpapier auslegen. Die Eiweiße und die Mandeln jeweils in einem Schüsselchen bereitstellen.

4 Mit einem Teelöffel aus dem Teig etwa 4 cm große Bällchen formen und diese zuerst in das Eiweiß tauchen, dann in den Mandeln rollen. Die Bällchen mit etwa 5 cm Abstand auf das Backblech legen und mit dem Daumen in der Mitte etwas eindrücken. Die Kekse auf der mittleren Schiene des Ofens 10–15 Minuten backen, bis die Mandeln leicht gebräunt sind.

5 Die Kekse herausnehmen und abkühlen lassen. Jeweils etwa ¹/₂ TL Himbeermarmelade in die Mulden geben und die Kekse servieren.

Tipps
Statt Himbeermarmelade können Sie nach Belieben andere Marmeladensorten nehmen.
Wenn Sie die Kekse für Gäste zubereiten wollen, können Sie bei der Vorbereitung viel Zeit sparen: Stellen Sie den Teig bereits 1 Woche vorher fertig. Wickeln Sie ihn fest in Aluminiumfolie ein, und bewahren Sie ihn im Kühlschrank auf.

Zutaten

280 g Zartbitterschokolade
280 g Mehl · 1 TL Backpulver ·
$1/_4$ TL Salz
90 g Margarine · 210 g Zucker ·
3 frische Eier · 1 P. Bourbon-
Vanillezucker
Backpapier für das Blech ·
45 Haselnusskerne

Für ca. 45 Stück
Zubereitungszeit: ca. 35 Min.
Backzeit: ca. 12 Min.
ca. 100 kcal je Stück

Browniekekse

Brownie Cookies

1 Die Schokolade in ein geeignetes Gefäß bröckeln und in der Mikrowelle oder auf dem Herd schmelzen lassen. Achtung: Sie darf weder zu kochen beginnen noch anbrennen. Die Schokolade beiseite stellen und etwas abkühlen lassen.

2 Das Mehl in eine Schüssel sieben. Backpulver und Salz dazugeben und alles gut miteinander vermischen.

3 Die Margarine in eine große Schüssel geben und cremig rühren. Unter ständigem Rühren den Zucker einrieseln lassen. Nacheinander die Eier dazugeben und jeweils einzeln gut unterrühren. Zuletzt den Vanillezucker hinzufügen und die geschmolzene Schokolade langsam unterrühren.

4 Die Mehlmischung nach und nach zur Schokoladen-Margarine-Mischung geben und alles so lange verrühren, bis das Mehl ganz eingearbeitet und ein glatter Teig entstanden ist. Den Backofen auf 160 °C (Umluft 130 °C; Gas Stufe 1–2) vorheizen.

5 Ein Backblech mit Backpapier auslegen. Aus dem Teig etwa 3 cm große Bällchen formen und diese mit etwa 5 cm Abstand auf das Backblech legen. Jeweils 1 Haselnuss auf die Mitte der Kekse setzen und etwas andrücken.

6 Die Kekse auf der mittleren Schiene etwa 12 Minuten backen, bis sie etwas erhärtet sind. Die Cookies vor dem Servieren etwa 10 Minuten auf dem Backblech abkühlen lassen.

klassisch ⊕
einfach ⊕
kalorienarm ⊖
Vollkorn ⊖
schnell ⊖
kreativ ⊖
für Kids ⊖

Tipp
Wahlweise können Sie die Brownie Cookies auch mit Walnüssen oder Mandeln belegen.

Erdnusskekse

Peanut Cookies

- klassisch
- **einfach**
- kalorienarm
- Vollkorn
- **schnell**
- **kreativ**
- für Kids

Zutaten

Backpapier für das Blech

110 g weiche Butter ·

140 g Zucker · 1 TL Zuckerrübensirup · 1 frisches Ei

210 g Mehl · 1 P. Bourbon-Vanillezucker · $\frac{1}{4}$ TL Natron · 70 g gehackte Erdnüsse, gesalzen

60 g Zartbitterschokolade ·
1 TL Butter

Für ca. 35 Kekse
Zubereitungszeit: ca. 15 Min.
Backzeit: ca. 8 Min.
ca. 90 kcal je Stück

1 Den Backofen auf 180 °C (Umluft 150 °C; Gas Stufe 2–3) vorheizen. Ein Backblech mit Backpapier auslegen.

2 Die Butter in eine Schüssel geben und cremig rühren. Zucker und Zuckerrüben-sirup einrieseln lassen und mit der Butter schaumig schlagen. Das Ei dazugeben und gut unterrühren.

3 Mehl, Vanillezucker und Natron nach und nach zur Buttermischung geben und al-les zu einem Teig verarbeiten. Die gehack-ten Erdnüsse zum Teig geben und mit einem großen Löffel unterheben.

4 Mit einem Teelöffel aus dem Teig etwa 3 cm große Bällchen formen und diese mit etwa 5 cm Abstand auf das Backblech legen. Die Kekse auf der mittleren Schiene des Ofens 8 Minuten hellbraun backen.

5 Für die Glasur die Schokolade mit der Butter bei kleiner Hitze und unter ständi-gem Rühren schmelzen lassen. Sobald die Kekse abgekühlt sind, die Glasur darauf streichen.

Variation
Ersetzen Sie die Erdnüsse durch die gleiche Menge gesalzener Cashew-kerne oder Salzmandeln. Die Kombi-nation von süß und salzig macht die-se Kekse zu etwas Besonderem!

Tipp
Geben Sie gehackte Erdnüsse auf die Hälfte der Kekse

Hefedonuts
Yeast Donuts

- **klassisch**
- einfach
- kalorienarm
- Vollkorn
- schnell
- **kreativ**
- **für Kids**

Zutaten

400 g Mehl · 50 g Zucker ·
$^1/_2$ TL Salz · 1 P. Trockenhefe ·
1 P. Bourbon-Vanillezucker ·
200 ml Milch · 40 g Margarine ·
1 frisches Ei

Mehl zum Ausrollen ·
Backpapier für das Blech
1 l Frittieröl · 200 g Zucker

Für ca. 14 Stück
Zubereitungszeit: ca. 45 Min.
Ruhezeit: ca. 90 Min.
ca. 210 kcal je Stück

1 150 g Mehl in eine Schüssel sieben. Zucker, Salz, Trockenhefe und Vanillezucker zugeben und alles mit einem Schneebesen vermischen.

2 Die Milch auf etwa 30 °C erwärmen und der Mehlmischung hinzufügen. Margarine und Ei ebenfalls zum Mehl geben und alles auf niedriger Stufe etwa 2 Minuten miteinander verkneten. Das restliche Mehl zugeben und alles gut vermengen. Die Schüssel zugedeckt etwa 1 Stunde an einem warmen Ort (25–30 °C) gehen lassen.

3 Den Teig auf einem bemehlten Brett etwa 1 cm dick ausrollen. Aus dem Teig Kreise von etwa 7 cm Ø ausstechen und diese auf ein mit Backpapier ausgelegtes Backblech legen. Mit einem Messer oder einer kleinen Ausstechform (2–3 cm Ø) ein Loch in der Mitte ausschneiden und die Donuts noch einmal etwa 30 Minuten an einem warmen Ort gehen lassen.

4 Das Öl in der Fritteuse auf ca. 190 °C erhitzen und jeden Donut etwa 1 Minute pro Seite frittieren, bis er goldbraun ist. Zum Abtropfen die Donats auf Küchenkrepp legen und danach in Zucker tauchen.

Tipps
Donuts schmecken ganz frisch am allerbesten!
Sie können die Donuts natürlich auch mit geschmolzener Schokolade überziehen und mit kandierten Früchten garnieren.
Damit die Donuts locker werden, darf der Teig nicht zu fest sein. Geben Sie daher nur so viel Mehl zum Teig, wie unbedingt nötig.
Damit das Fett in der Fritteuse nicht zu sehr abkühlt, sollten Sie maximal 4 Donuts auf einmal hineingeben.

Zutaten

1 l Frittieröl · 160 g Mehl · 25 g
Kakaopulver · 2 EL Zucker ·
$^1/_2$ TL Salz · 1 TL Natron ·
2 EL Pflanzenöl · 80 g Joghurt ·
1 frisches Ei
110 g Puderzucker · 2 EL Milch

Für ca. 20-25 Stück
Zubereitungszeit: ca. 40 Min.
ca. 80 kcal je Stück

Schoko-Tropfendonuts
Chocolate Drop Donuts

1 Das Öl in einer Fritteuse auf etwa 190 °C erhitzen. Inzwischen das Mehl in eine Schüssel sieben. Kakaopulver, Zucker, Salz, und Natron zugeben und alles mit einem Schneebesen gut vermischen.

2 Pflanzenöl, Buttermilch und Ei zur Zucker-Mehl-Mischung geben und alles mit einem großen Löffel gut verrühren.

3 Mit einem Teelöffel kleine Teigportionen in das heiße Öl tropfen lassen und etwa 1 Minute frittieren, bis sie goldbraun sind. Die Donuttropfen auf Küchenkrepp abtropfen und abkühlen lassen.

4 Inzwischen den Puderzucker in eine Schüssel sieben. 2 EL Milch zugeben und verrühren, bis alles gleichmäßig vermischt ist. Die Donuts durch diese Mischung rollen und möglichst sofort servieren, wenn die Glasur abgekühlt ist.

klassisch ⊕
einfach ⊕
kalorienarm ⊖
Vollkorn ⊖
schnell ⊕
kreativ ⊕
für Kids ⊕

Bagels

Bagels

- klassisch
- einfach
- kalorienarm
- Vollkorn
- schnell
- kreativ
- für Kids

Zutaten

1 P. Trockenhefe

60 ml Öl · 3 TL Salz · 550 g Mehl · Mehl für die Arbeitsfläche · Öl zum Ausfetten

70 g Rosinen · 1 frisches Ei

Für ca. 14 Stück
Zubereitungszeit: ca. 60 Min.
Ruhezeit: ca. 60 Min.
Backzeit: ca. 18 Min.
ca. 180 kcal je Stück

Tipp
Amerikaner essen Bagel am liebsten mit Rahmkäse.

Variation
Die Bageloberfläche können Sie nach dem Bestreichen mit der Ei-Wasser-Mischung auch mit Mohn, Kümmel oder Sesam bestreuen.

1 Die Hefe in eine große Schüssel geben, 235 ml warmes Wasser zugeben, verrühren und 5 Minuten stehen lassen.

2 Öl, 2 TL Salz und 250 g Mehl zugeben und mit einem Mixer verrühren, bis alles gut vermengt ist. Das restliche Mehl einrühren und den Teig auf einer bemehlten Arbeitsfläche 1 Minute verkneten. Den Teig 10 Minuten ruhen lassen.

3 Die Rosinen in den Teig geben und alles 10 Minuten gut kneten (der Teig sollte glatt und elastisch sein – wenn er zu klebrig ist, etwas Mehl hinzufügen).

4 Den Teig in eine mit Öl ausgefettete Schüssel legen und an einem warmen Ort (25–30 °C) etwa 1 Stunde gehen lassen, bis sich sein Volumen verdoppelt hat.

5 Den Teig nach unten drücken, auf eine bemehlte Fläche geben, in 14 gleich große Stücke teilen und jedes Teil zu einer Kugel kneten. In die Mitte der Kugel mit dem Finger ein etwa 3 cm großes Loch bohren. Die Ringe sollten etwa gleich groß sein.

6 In einem großen Topf etwa 3 l Wasser mit 1 TL Salz zum Kochen bringen. Vorsichtig 2–4 Bagels in das kochende Wasser legen. Jede Seite 2 Minuten kochen lassen. Die Bagels auf ein mit Backpapier belegtes Backblech geben.

7 Den Ofen auf 230 °C (Umluft 200 °C; Gas Stufe 4–5) vorheizen. Mit einem Schneebesen das Ei und 1 EL Wasser vermischen und diese Mischung auf die Bagels streichen. Die Bagels auf der mittleren Schiene 18 Minuten backen, bis sie leicht bräunlich sind.

Zimt-Rosinen-Bagels
Cinnamon Raisin Bagels

- klassisch
- einfach
- kalorienarm
- **Vollkorn**
- schnell
- kreativ
- **für Kids**

1 Die Hefe in eine große Schüssel geben, 240 ml warmes Wasser zugeben, verrühren und 5 Minuten stehen lassen.

2 Öl, 1 ½ TL Salz, Zucker, Zimt und Mehl zugeben und mit einem Mixer verrühren, bis alles gut vermengt ist. Den Teig auf einer bemehlten Arbeitsfläche 1 Minute verkneten.

3 Den Teig 10 Minuten ruhen lassen, dann die Rosinen zugeben und alles 10 Minuten gut kneten (der Teig sollte glatt und elastisch sein – wenn er zu klebrig ist, etwas Mehl hinzufügen).

4 Den Teig in eine mit Öl ausgefettete Schüssel legen und an einem warmen Ort (25–30 °C) etwa 1 Stunde gehen lassen, bis sich sein Volumen verdoppelt hat.

5 Den Teig nach unten drücken, auf eine bemehlte Fläche geben, in 12 gleich große Stücke teilen und jedes Teil zu einer Kugel kneten. In die Mitte der Kugel mit dem Finger ein etwa 3 cm großes Loch bohren. Die Ringe sollten etwa gleich groß sein.

6 In einem großen Topf etwa 3 l Wasser mit 1 TL Salz zum Kochen bringen. Vorsichtig 2–4 Bagels in das kochende Wasser legen. Jede Seite 2 Minuten kochen lassen. Die Bagels auf ein mit Backpapier belegtes Backblech geben.

7 Den Backofen auf 230 °C (Umluft 200 °C; Gas Stufe 4–5) vorheizen. Mit einem Schneebesen das Ei und 1 EL Wasser vermischen und diese Mischung auf die Bagels streichen. Die Bagels auf der mittleren Schiene des Ofens 18 Minuten backen, bis sie leicht bräunlich sind.

Zutaten
1 P. Trockenhefe
60 ml Öl · 2 ½ TL Salz ·
2 EL Zucker · 1 TL Zimt ·
300 g Weizenmehl Type 405 ·
330 g Weizenvollkornmehl · Mehl
für die Arbeitsfläche · Öl zum
Ausfetten
70 g Rosinen
Backpapier für das Blech
1 frisches Ei

```
Für ca. 12 Stück
Zubereitungszeit: ca. 60 Min.
Ruhezeit: ca. 60 Min.
Backzeit: ca. 18 Min.
ca. 260 kcal je Stück
```

Zwiebelbagels
Onion Bagels

- **klassisch**
- einfach
- **kalorienarm**
- **Vollkorn**
- schnell
- **kreativ**
- für Kids

Zutaten

1 P. Trockenhefe

60 ml Öl · 3 TL Salz · 300 g Mehl · 225 g Vollkornmehl · Mehl für die Arbeitsfläche · Öl zum Ausfetten

Backpapier für das Blech

1 kleine Zwiebel · 2 TL Butter · 1 frisches Ei

Für ca. 14 Bagels
Zubereitungszeit: ca. 60 Min.
Ruhezeit: ca. 60 Min.
Backzeit: ca. 20 Min.
ca. 170 kcal je Stück

1 Die Hefe in eine große Schüssel geben, 235 ml warmes Wasser zugeben, verrühren und 5 Minuten stehen lassen.

2 Öl, 2 TL Salz und Mehl zugeben und mit einem Mixer verrühren, bis alles gut vermengt ist. Das Vollkornmehl einrühren und den Teig auf einer bemehlten Arbeitsfläche 1 Minute verkneten.

3 Den Teig 10 Minuten ruhen lassen und dann 10 Minuten gut kneten (der Teig sollte glatt und elastisch sein – wenn er zu klebrig ist, etwas Mehl hinzufügen). Den Teig in eine mit Öl ausgefettete Schüssel legen und an einem warmen Ort (25–30 °C) etwa 1 Stunde gehen lassen, bis sich sein Volumen verdoppelt hat.

4 Den Teig nach unten drücken, auf eine bemehlte Fläche geben, in 14 gleich große Stücke teilen und jedes Teil zu einer Kugel kneten. In die Mitte der Kugel mit dem Finger ein etwa 3 cm großes Loch bohren. Die Ringe sollten etwa gleich groß sein.

5 In einem großen Topf etwa 3 l Wasser mit 1 TL Salz zum Kochen bringen. Vorsichtig 2–4 Bagels in das kochende Wasser legen. Jede Seite 2 Minuten kochen lassen. Die Bagels auf ein mit Backpapier belegtes Backblech geben.

6 Den Backofen auf 230 °C (Umluft 200 °C; Gas Stufe 4–5) vorheizen. Die Zwiebel in sehr kleine Stückchen schneiden und in Butter braten, bis sie glasig ist. Mit einem Schneebesen das Ei und 1 EL Wasser vermischen und diese Mischung auf die Bagels streichen. Die Bagels auf der mittleren Schiene des Ofens 12 Minuten backen. Die Bagels herausnehmen, und die Zwiebel auf ihnen verteilen. Dann erneut 8 Minuten im Ofen backen, bis sie leicht bräunlich sind.

Variation
Statt der Zwiebeln können Sie auch Mohn, Kümmel oder Sesam nehmen.

Alphabetisches
Rezeptverzeichnis

Englisches
Rezeptverzeichnis

Im FALKEN Verlag sind zahlreiche Titel zum Thema „Essen und Trinken" erschienen.

Sie erhalten sie überall dort, wo es Bücher gibt.

Sie finden uns im Internet: **www.falken.de**

Dieses Buch wurde auf chlorfrei gebleichtem und säurefreiem Papier gedruckt.

Der Text dieses Buches entspricht den Regeln der neuen deutschen Rechtschreibung.

Impressum

Umschlagkonzeption: Martina Eisele, München
Umschlaggestaltung: Digital Design GmbH Borgers, Hünstetten
Layout: Johannes Steil, Wiesbaden
Redaktion: Dirk Katzschmann und Olaf Rappold (red.sign, Stuttgart)
Koordination und Schlussredaktion: Anja Halveland (FALKEN Verlag)
Herstellung: Petra Becker (FALKEN Verlag) und red.sign, Stuttgart
Weitere Fotos auf dem Umschlag: Ulrich Kopp, Füssen: Umschlagklappe, hinten, innen, li. o., li. M. und li. u. / Klaus Arras, Köln: Umschlagklappe, hinten, innen re. o., re. M. und re. u.

Rezeptfotos und weitere Fotos im Innenteil:
Ulrich Kopp, Füssen
Satz: red.sign, Stuttgart
Druck: Druckhaus Cramer, Greven

817 2635 4453 6271

ISBN 3 8068 2665 X

© 2000 by FALKEN Verlag,
65527 Niedernhausen/Ts.